AF467004

ÉLOGE FUNÈBRE

DU RÉVÉREND PÈRE CHAUVEAU S. J.

ANCIEN RECTEUR

DE L'ÉCOLE DE VAUGIRARD

Prononcé dans la Chapelle de l'École, le 21 Mai 1883

PARIS-AUTEUIL
IMPRIMERIE DES APPRENTIS-ORPHELINS — ROUSSEL
40, RUE LA FONTAINE, 40

—

1883

ÉLOGE FUNÈBRE

DU RÉVÉREND PÈRE CHAUVEAU S. J.

ANCIEN RECTEUR

DE L'ÉCOLE DE VAUGIRARD

Prononcé dans la Chapelle de l'École, le 21 Mai 1883

PARIS-AUTEUIL
IMPRIMERIE DES APPRENTIS-ORPHELINS ROUSSEL
40, Rue La Fontaine, 40

1883

LE R. P. CHAUVEAU

de la Compagnie de Jésus.

Sit memoria illorum in benedictione,
et ossa eorum pullulent in loco suo.

Que la mémoire de tels hommes soit à jamais bénie, et que leurs ossements refleurissent dans leur tombe.

(Au livre de l'Eccle. Ch. 46) v. 14.

Quelle est, chers élèves, cette mémoire que nous venons évoquer, dont le privilège auguste sera d'être à jamais bénie?

Sit memoria illorum in benedictione.

Les cœurs émus qui vous entourent le diraient par leurs larmes, si vous-même vous n'aviez au fond de vos âmes le même deuil.

Tous, dans ce sanctuaire, parents, maîtres ou disciples, pleurent un père, un protecteur, un ami.

Aussi, en élevant la voix, au milieu de ces chants funèbres, je ne fais que payer une dette sacrée, la dette de la justice et de la reconnaissance.

La tombe qui s'est ouverte si subitement, en nous terrifiant et nous glaçant d'effroi, ne doit pas être une tombe oubliée. Trop de mérites, trop de vertus y sont ensevelis. *Sepulcrum ejus erit gloriosum.* I S. X. II.

Vous, Messieurs, qui êtes venus vous associer à notre douleur et à nos prières, permettez-nous de chercher, après l'offrande du Divin sacrifice, un adoucissement à notre désolation, en parlant devant cet autel où il monta si souvent, de celui que Dieu a rappelé à lui, le Révérend Père Chauveau, prêtre de la Compagnie de Jésus, ancien Recteur de l'Ecole de l'Immaculée Conception.

Prédécesseur vénéré, le privilège de la mort, au milieu

des amertumes qu'elle engendre, est de révéler, ce qui devait être inconnu et caché. — C'est comme le premier prélude de Dieu, pour ses élus, avant les manifestations finales. Ah ! si les échos de ma voix, Père bien-aimé, arrivent jusqu'à ce cercueil où vous dormez du sommeil des justes, *beati mortui qui in domino moriuntur* (Apo. xv-13) pardonnez-moi, vous qui fûtes si humble dans votre vie, de dire ce que vous avez fait non pour les hommes, mais pour Dieu seul, *scio opera tua et laborem et patientiam tuam.* Apo. ii-2.)

Et vous qui allez m'entendre, accourus des extrémités de la capitale, pour rendre hommage à l'homme de bien par excellence, pardonnez-moi d'être incomplet dans l'esquisse d'une vie tout entière consacrée à l'Église par le sacerdoce monastique, à la France, par les travaux de l'éducation et la direction de la jeunesse.

En rapprochant l'un de l'autre le berceau et la tombe du P. Chauveau si justement l'objet de nos regrets, chose étrange, nous trouvons ce berceau et cette tombe à deux époques assez lointaines et cependant marquées d'un même sceau de défiance et de rigueur contre l'immortelle et glorieuse Compagnie de Jésus.

Ces deux dates sont 1827-1883.

1827 où la faiblesse royale prépare, dans la signature de fatales ordonnances, la chute de son trône, l'exil et la disparition d'une dynastie séculaire.

18·3 où s'unissent contre l'Eglise les forces les plus latentes et les plus destructives, si l'Eglise pouvait périr.

Ce fut au mois de mai 1827 que naquit dans les montagnes du Cantal, Emile Chauveau. — Par son origine, il appartenait à ces fortes races qui placent avant tout l'honneur et la vertu. Son père, attaché au premier empire avait fourni, au delà des monts, une carrière enviée; en mourant il laissait à ses fils, avec de loyaux services, un patrimoine sans tache.

Émile Chauveau, enfant, reçut au foyer domestique les premières leçons. Ses parents, voulant lui ouvrir une voie qui repondit à leurs légitimes ambitions, le firent entrer au collège de la petite ville qu'ils habitaient, le collège de Mauriac dirigé autrefois par la compagnie de Jésus.

A dix-huit ans, seulement, l'élève de Mauriac terminait ses études par le cours de philosophie, le problème de l'avenir et de ses incertitudes se posait devant lui.

Dix-huit années, chers amis, qu'est-ce que cet âge de l'adolescence, dans quelques jours, le vôtre? Que demande-t-il de la prudence et de la sagesse chrétienne? L'étudiant de Mauriac va vous le dire du fond de sa tombe ; il vous parle encore, *Defunctus, adhuc loquitur*.

Dix-huit ans ! ce n'est plus l'enfance avec ses jeux, ce n'est pas davantage la réflexion et la maturité. — Dix-huit ans ! c'est le règne des séductions, le mirage trompeur de la vie, le prisme dangereux des illusions.

Qu'importe pour le jeune Emile ces heures de fascinationt et de mensonge! Dans la prière et la méditation, docile à l'enseignement de ses maîtres, il a compris ce drame fantastique de l'existence humaine, et voici que, tout à coup, à dix-huit ans, au milieu des plus saints recueillements de son âme, il lance vers Dieu ce cri de spontanéité sublime: *Quam sordet terra cum cœlum aspicio*. Que la terre est peu de chose quand je regarde le ciel. C'était là, dans les desseins de Dieu, sans qu'il s'en doutât, le premier des liens qui devaient l'unir dans sa vie et dans sa mort à la famille d'Ignace de Loyo a.

La Providence, qui dispose tout en ce monde avec douceur et fermeté, *Attingens usque ad finem fortiter disponi omnia suaviter* (Sap. VIII. I.) — La Providence se plait, je ne sais pourquoi, à faire, de temps à autre, son œuvre d'une manière lente et cachée, aussi l'élève de philosophie de Mauriac n'arrivera-t-il que par des phases successives au but dont Dieu seul s'est réservé de fixer l'heure.

Ses vacances écoulées, il quittera le toit paternel. — Le sanctuaire, le sacerdoce sont sa pensée. Où le nouveau Samuel, répondant à l'appel céleste, ira t-il s'y préparer? — Rester dans ses montagnes d'Auvergne irait à son cœur filial, aux affections si pures de ses condisciples, mais l'esprit de Dieu qui souffle où il veut, lui a parlé: *Spiritus ubi vult spirat* (Jean. III. 8)? — Des sentiments plus surnaturels et plus élevés dominent ses premiers sentiments, et après avoir reçu la bénédiction des siens, gage de la bénédiction d'en haut, il s'achemine vers le séminaire de Saint-Sulpice. Au mois d'octobre 1845, il en franchissait le seuil.

Le séminaire Saint-Sulpice, chers élèves, c'est l'Ecole ecclésiastique sans rivale, où des maitres incomparables par la science, la piété et leurs exemples forment les élus de Dieu. Sous son atmosphère de grâce, le temps amena vite l'éclosion des germes déposés dans le cœur du jeune séminariste. Deux années suffirent. Emile Chauveau ne veut pas seulement la couronne du sacerdoce de Jésus-Christ, il veut sa couronne d'épine par le sacrifice et les croix de la vie religieuse.

Religieux il sera donc!

Mais sous quel étendard? sous l'étendard criblé, honni du monde et de l'enfer, celui de la Compagnie de Jésus. A l'ombre de cet étendard, élèves de l'école de Vaugirard, vous avez grandi; ah! s'il n'est plus flottant sur nos tours, nous n'en défendrons que plus religieusement l'honneur, pour voir se dérouler encore sur vos fronts ses replis glorieux.

Religieux de la Compagnie de Jésus, c'est-à-dire pauvre,

dépouillé des biens de ses ancêtres. Religieux de la Compagnie de Jésus, c'est à dire obéissant, *perinde ac cadaver*, sans volonté personnelle, ne connaissant jamais que les dispositions de Dieu pour loi, les ordres de ses supérieurs pour règle, comme un soldat devant ses chefs.

Religieux de la Compagnie de Jésus, c'est-à-dire prêt à partir, au moindre signe du vicaire de Jésus-Christ, pour aller sur les plages les plus inhospitalières chercher le martyr et la mort.

Telles sont les aspirations du séminariste Emile Chauveau à vingt ans. Destinées, sans doute d'héroïsme, devant Dieu, mais, par contre, bien incomprises des hommes, à l'heure qu'il est, où on dispute aux amants de la vie monastique les droits les plus sacrés de la liberté, celui de vivre et mourir sous le même toit.

Pourtant qui ne sait, sous le soleil du XIXe siècle, ce que le monde civilisé doit aux labeurs de la vie religieuse, dans toutes les branches de la science et de l'industrie qui honorent l'humanité. N'est-ce pas un disciple de Saint Ignace que les nations réunies en congrès, il y a déjà plusieurs années, au sein de cette capitale, couronnaient, au Champ de Mars, pour ses découvertes savantes ? Ce sont ses frères qui, sur les terres brûlantes et incultes de l'Algérie, ont préparé à Benagnoun, aux portes mêmes de la nouvelle Métropole de la France africaine, les succès d'une culture inconnue.

Ces forces vives de la science et de l'industrie s'étalant d'un continent à l'autre, à l'honneur de la vie monastique, avaient électrisé l'âme élevée d'Emile Chauveau dans sa cellule du séminaire Saint-Sulpice.

A vingt-deux ans, cédant aux attraits permanents qu'il éprouve pour s'immoler à la plus grande gloire de Dieu, *ad majorem Dei gloriam*, il quitte Saint-Sulpice pour une solitude plus austère.

Le noviciat de la Compagnie de Jésus s'ouvrait pour lui en 1847, à Isenheim, petit village d'Alsace.

La France était, à cet instant, au lendemain du jour où les grandes réunions et le plus haut des Parlements avaient retenti de nouvelles attaques contre la famille de Loyola. Lacordaire et de Ravignan s'étaient jetés dans la mêlée, la justice et l'éloquence avaient soulevé l'opinion publique.

Rien n'arrête l'élan résolu du jeune novice. Vingt-quatre mois d'éloignement de sa famille et de ses amis, durant lesquels il priera, suffiront pour établir sur des bases solides les années futures de celui qui sera quinze ans après, l'un des plus vaillants champions de l'éducation catholique. — Ses premiers vœux prononcés sans solennité extérieure ni éclat aucun, *duc in altum*, (Luc V. 4.) lui dit le Père maître, maintenant va au large. L'âme, le cœur, le caractère avaient reçu pour toujours l'empreinte qu'ils devaient garder.

Le collège de Brugelette où les Jésuites venus d'Espagne avaient, en 1836, victorieusement essayé le sauvetage d'une éducation noble et distinguée, celui de Vaugirard, où se perpétuait l'œuvre de M. l'abbé Ferdinand Poiloup, furent, dans les fonctions modestes et moralisatrices de la surveillance, les premiers théâtres du zèle et du dévouement du Frère Chauveau.

On dit que saint Ignace, mes chers enfants, à l'un des chapitres admirables de ses Constitutions, veut que chacun des siens, après quelques années d'expérimentation, soit de nouveau séparé des hommes, du mouvement des affaires, et qu'il reste, par la réflexion méditative, sous l'œil seul de Dieu. Sagesse profonde du solitaire de Manrèse ! C'est le navire rentrant au port se refaire et se gréer à neuf après sa première traversée. Dans cette ère nouvelle, le novice de la Compagnie de Jésus devient cholastique, c'est-à-dire l'homme de l'étude dans le champ des vérités divines, l'argumentateur logicien pour découvrir l'erreur, la terrasse, et la confondre.

A quel scholasticat le Frère Émile Chauveau sera-t-il envoyé ? Quel foyer d'étude nourrira sa belle intelligence des lumières transcendantes de la science sacrée ? Certes, ces foyers ne manquent pas sous la bannière de saint Ignace. On l'enverra au plus renommé de tous, au collège Romain, la plus docte des Universités du monde, riche des souvenirs des Berkmann, Stanislas de Kostka et Louis de Gonzague.

Ecoutez ce que m'écrivait, il y a trois jours, l'un de ses brillants émules au collège Romain, à l'annonce foudroyante de sa mort. Je cite textuellement.

« Le Père Chauveau arriva en 1854 au collège Romain, » quelque temps après moi. C'était notre modèle par sa ré- » gularité, son application et sa piété. Sa douce gaieté était » pleine de charmes. Pour tous ses condisciples, de quelque » nation qu'ils fussent, Italiens, Français, Allemands, An- » glais, il était aimable et bon. Dès lors, nous remarquions » en lui ce tact, cette prudence, ce sens pratique qui ont été » admirés dans sa conduite et qui lui ont servi, depuis, à » faire tant de bien. Il aimait les sanctuaires de Rome, et » son âme s'épanouissait quand il nous en parlait. »

Dans l'espace de trois années, le scholastique du collège Romain avait achevé ses études. Parvenu à l'âge voulu par les Constitutions de la Compagnie, sa mère, il était mûr pour le sacerdoce ; en huit jours de minoré il devint prêtre. Après cela le religieux Jésuite est complet. L'Église a posé, par l'ordination sainte, le couronnement de l'œuvre magistrale qu'elle avait à faire en lui. Emile Chauveau est prêtre pour le temps et l'éternité, *tu es sacerdos in æternum.* (Ps. 109.)

Le Saint Sacrifice offert aux sanctuaires de Rome par le nouveau prêtre du Dieu trois fois saint, la province de Paris réclama son sujet. Comment y reviendra-t-il ? Il reviendra avec une intelligence ayant parcouru les horizons de l'histoire qui entourent la cité des Césars devenue la cité pacifique et sainte, avec le cœur embaumé de l'arome mystérieux du sang des Apôtres et des Vierges, il reviendra ayant vu du couchant à l'aurore l'empire triomphal du Christ libérateur de son peuple. *Christus vincit — Christus regnat — Christus imperat — Christus ab omni malo pelbem suam defendat.* — Les catacombes, ces sépultures glorieuses de milliers de martyrs, il en aura sillonné les étroites et souterraines avenues ; le tombeau du pêcheur de Galilée, il en a baisé la poussière; ses chaînes réunies à celles de Paul, il les a portées. — Voilà l'arsenal dans lequel sa piété puisera pour l'avenir les armes de la lutte.

Aussi, à son retour, personne n'échappe à l'attrait de sa parole énumérant les merveilles de Rome, *nec est qui se abscondat a calore ejus.* (Ps. XVIII.) Demandez-le à ses élèves de rhétorique d'Amiens et de Poitiers, les premiers privilégiés d'avoir un tel maître, à ses auditeurs de Sainte-Geneviève, quelques années plus tard, cette élite de la jeunesse française sortant de ses mains pour donner à notre siècle le plus beau des exemples, l'union de la croix et de l'épée.

Mais voici l'heure de la justice éternelle passant sur les nations de la terre. 1870 atteint la moitié de sa course. De toutes parts s'agitent les villes et les campagnes ; à la tête de ses légions, un monarque téméraire et coupable quitte sa capitale. Le sang de la France coule à grands flots, les aigles de l'Empire iront s'abattre à Sedan dans une défaite honteuse. Quand la Patrie, ainsi désolée, a fait entendre le cri d'alarme, à tous, n'est-ce pas, oui à tous, d'apporter leur appoint et de payer un tribut. Le Père Chauveau ne restera pas en arrière, son âme chevaleresque le porte au premier rang. La Crimée a eu ses Parabert gravissant les mamelons les plus escarpés sur un affût de canon, pour bénir et absoudre les mourants. Sous la mitraille et le feu de l'ennemi, Emile Chauveau sera le Parabert des volontaires de Picardie.. Je le vois au champ de bataille, relevant dans la mêlée, emportant dans ses bras les corps mutilés de ses anciens élèves d'Amiens; couvert de leur sang, il les couvre lui-même, par l'absolution dernière, du sang de Jésus-Christ pour pouvoir dire à leur mère, comme il l'a fait dans les pages attendrissantes, *Au service du pays* :

« Madame, ne soyez pas inconsolable, votre fils est monté au ciel paré de la tunique du sang de l'Agneau. »

Pour être ici, chers élèves, digne du prêtre dont mes lèvres honorent la mémoire, il me faudrait d'autres accents pour peindre la valeur, l'héroïsme de notre bien-aimé Père, au milieu du carnage et de la mort. Sa constitution chancelante et faible avait revêtu la force du guerrier. L'œil au guet, l'oreille ouverte pour saisir au milieu du cliquetis des armes, des marches et contre-marches, le moindre signe indiquant un soldat à absoudre, c'était le lion invincible de la tribu de Juda, *vicit leo de tribu Juda.* (Apo. V. 5.) Laissez-moi vous confier ces détails.

Au déclin du jour, on vient dire au Père Chauveau que le général s'attend le lendemain à un combat meurtrier, l'engagement sera terrible. — « Amis, dit-il, aux soldats épuisés, » demain, la mort peut-être, mais, pour qui le veut, après la » mort le ciel » ; et jusqu'à l'aube du jour ses mains furent levées pour absoudre. Écoutez encore. Près d'Arcueil, deux fantassins ou cavaliers des avant-postes sont mortellement atteints, la nuit est épaisse, les balles sifflent de toutes parts ; s'il avance ce sera peut-être pour tomber. Ah ! n'importe, « à la garde de Dieu » s'écrie l'amônier des volontaires de Picardie, et radieux il s'élance, à travers les tranchées, comme un géant qui va fournir sa carrière ; *exultavit sicut gigas ad currendam viam suam.* (Ps. XVIII. 6.)

Au retour d'une aussi aventureuse sortie, les forces lui

manquent et au lever du jour, la sentinelle des avant-gardes le trouva, non loin d'une redoute, sommeillant sur un amas de pierres brisées.

Grâces à Dieu, la paix est enfin signée. Le sol français a bu par torrent le sang généreux de nobles et preux chevaliers.

Lorsque un peuple en délire a fait déborder la coupe de ses iniquités et de ses crimes Dieu, à son tour, dans des vues de miséricorde, fait déborder la coupe de ses châtiments et de sa justice. Paris, cité voluptueuse et rebelle, n'était pas assez châtiée. Après les horreurs d'un siége long et cruel, Paris devait connaître les horreurs plus atroces de l'anarchie. — Des citoyens ne s'arment pas seulement contre des citoyens, l'impiété arbore son noir drapeau. Dans ses déchainements de rage et de fureur, l'impiété n'aura pas assez de la profanation des sanctuaires, des autels souillés, d'ossements vénérables arrachés à leur repos, il lui faut des victimes vivantes, une grande hécatombe sacerdotale assouvira seule sa soif. *Ubi victima.* Où seront les immolés ? Pendant que Dieu marque de son doigt Divin les poitrines qui seront percées, le Père Chauveau est saisi comme otage. La grande victime du Golgotha avait fait écrire par un prophète *Oblatus est quia ipse voluit*, il s'est offert parce qu'il l'a lui-même voulu (Isaïe, ch. 53. v.). Vénéré prédécesseur, cette parole si vraie de mon maitre, je l'applique à votre éloge funèbre. Du sommet d'une des murailles de l'École Sainte Geneviève, qui allait mettre entre les soudoyés de la commune et le Père Chauveau une barrière infranchissable, il voit saisir son supérieur, le Père Ducoudray. «Ah ! se dit-il, un fils n'abandonne pas son père » et revenant sur ses pas, il se constitue prisonnier ? Quelle grandeur d'âme !

Sit memoria illorum in benedictione.

La Conciergerie fut, pendant onze jours, la prison du Père Chauveau. Tous, vous savez les souffrances physiques et morales de nos glorieux détenus ; injures, procédés sauvages, alimentation peut-être même insuffisante, rien ne leur fût épargné ? Malgré toutes les angoisses des plus cruelles inquiétudes, le disciple de saint Ignace demeurait inaltérable de mansuétude ; il avait dans son cœur la suavité des anciens martyrs, heureux de souffrir pour le nom de Jésus. *Ibant gaudentes pro nomine Jesu contre meliam pati.* (Act. v. LI.) Aussi, après bientôt vingt siècles, le Père Chauveau, à la Conciergerie, paraît une image vivante du prince des Apôtres dans son cachot. Comme sous les voûtes granitiques de la prison Mamertine, il y avait, autour du Jésuite captif, des Processus et des Martinianus ; par l'empire de sa vertu, l'onction de sa douceur, il fit prier ceux qui ne voulaient pas prier. Chaque jour, à une heure fixe, le religieux prisonnier récitait à haute voix le rosaire auquel tous répondaient.

Le onzième jour de cette révoltante et indigne incarcération, la Commune élargissait le Père Chauveau. Je ne vois pas en lui de cause de mort, avait dit le dictateur suprême de ces jours de sang ; *non invenio in eo causam.* (Jean. XIX, 6).

L'otage délivré n'eut d'autre pensée que de rejoindre ses frères. Il ne trouvera que la trace de leur sang. La grande immolation est accomplie. Les Pères Olivaint, Ducoudray, Caubert, Clerc et de Bengy, sont tombés ensevelis dans la pourpre des martyrs, et, en mourant, leur sang, comme le sang de l'Agneau, avait pacifié toutes choses ; *pacificans per sanguinem crucis ejus sive quæ in terris sunt sive quæ in cœlis.* (Coloss. I, v.)

Mais tirons un voile sur ces jours néfastes.

Moins de deux ans après ces scènes sanglantes, l'obéissance fait le Père Chauveau recteur de Vaugirard. Sur ces terres bénies de l'Immaculée Conception prirent, peu à peu, leur essor ses puissantes facultés. Ce n'est pas à cet auditoire qui l'a vu à l'œuvre que j'ai à dire les succès de sa brillante direction. Les sciences, les lettres, les arts, la discipline avaient toute leur efflorence et leur force. — Durant sept années, le recteur de la célèbre Ecole sera pour ses frères en religion un guide sage, ferme et éclairé, pour ses élèves un tendre père, pour les parents un conseiller ami qui les aidera à diriger la barque de la famille au milieu des dangers qu'elle traverse. — Sous son habile administration, l'École s'agrandira, et le passant étonné verra s'élever, en quelques mois, cet édifice presque gigantesque où nous prions pour lui, ce splendide petit collège, heureuse transition ménagée à l'enfance entre les bras maternels et l'adolescence.

Hâtons-nous, je serais sans fin, tant la plénitude de cette vie déborde comme une source intarissable. *Plenus divitiis et gloria.* (Par XVIII, 29.)

Vingt-huit années de liberté avaient été données à l'instruction secondaire, par la loi de 1850. Les collèges, libres dans leur action, avaient pu préparer à la France une génération croyante et chaste. Sur tous les points de mon pays les Ordres Religieux, Auxiliaires dans l'Église, jouissaient d'une existence légale, la tempête va les disperser. École de l'Immaculée Conception que vas-tu devenir ? Résisteras-tu au souffle violent qui, à tes côtés, fera tant de ruines ? Oui tu vivras. Pendant que des pusillanimes pronostiquent ta mort, ton chef vénérable, le Père Chauveau, à l'immortalité de son nom attachera la durée de ton existence. *Sit memoria illorum in benedictione.* Que se passait-il, en effet, dans cette modeste cellule qui fut celle du père Olivaint, et que j'ai l'honneur d'habiter ? Au lendemain des décrets, quand Paris et l'Europe sont stupéfaits, le Père Chauveau, avec le calme de l'homme de Dieu, *homo Dei,* (Tim. VI. II) répand au pied de son crucifix ses prières et ses larmes. Le calice d'amertume, il va le boire jusqu'à sa lie ; ses prêtres jetés aux quatre vents du ciel, la jeunesse arrachée à son amour, il a vu tout cela. « Qu'importe, se dit-il, les hommes ne sont rien; Dieu, l'Eglise, et les âmes sont tout. Sauvons l'éducation catholique et Francaise. » C'était Saint-Paul disant aux Philippiens : *Quid enim? dum omni modo, Christus annuntietur, et in hoc gaudeo, sed et gaudebo* (Phil. 1er v. 18.). Alors comme retentissement des vibrations de son grand cœur, le Père Chauveau se substitue des ouvriers sans crainte, et quand ces travailleurs ont été rassemblés, le Recteur, expulsé, gravit la montagne, tient les bras levés vers Dieu, pendant que les derniers venus vont à la place des siens, combattre dans la plaine.

Au 1er septembre 1880, chers élèves, le Père Chauveau pouvait dire *Consommatum est*, tout est consommé dans ce douloureux et poignant sacrifice. Il avait quitté cette école de l'Immaculée-Conception. Ne croyez pas que son courage faiblira, son cœur sera brisé mais abattu jamais. Si on lui parle de prendre quelque repos, après ces émotions déchirantes de sa séparation de Vaugirard, le Père Chauveau répète cette belle parole de saint Vincent de Paul au Cardinal de Richelieu : « Un prêtre ne se repose jamais ». Ah! que n'a pas fait sa dévorante activité sacerdotale? L'œuvre touchante de la première communion d'enfants délaissés, les congrégations de Marie, les retraites aux mères chrétiennes ont connu son zèle. L'Angleterre, elle-même, cette seconde patrie des Religieux exilés, l'a vu venir au secours des fondations nouvelles. Partout intrépide défenseur de la cause sainte, quand la mort est venue, elle l'a surpris debout, les armes à la main, comme tombent au champ d'honneur les braves et les héros. Pas d'agonie. Plein de force et de vie, son âme, le 8 mai, s'envole dans les cieux.

Aussi, à cette heure de son éternel repos, nous qui survivons au prêtre éminent, jadis votre Père et votre maître, chers élèves, nous pourrions graver sur la pierre tumulaire qui protège ses restes vénérés : *Bonum certamen certavi*, *cursum consummavi fidem servavi in reliquo reposita est corona justitia, quam reddet mihi Dominus justus judex.* J'ai bien combattu, ma course est achevée, j'ai gardé la foi, il ne me reste plus qu'à attendre la couronne de justice de la part du Seigneur mon juste Juge. (2e à Th. IV.) Ces courtes paroles résument la vie du Père Chauveau tout entière.

Je termine ; sans doute qu'il sera à jamais lamentable, pour nous tous, le jour fatal où a disparu de ce monde le religieux vertueux et savant, *scientia et virtute prœditus*, dont cette lugubre cérémonie nous rappelle la mort. — Sachons, Chrétiens, élever nos cœurs en haut, *sursum corda*, au milieu de la profondeur de notre deuil ; nous ne sommes pas sans espérances, *non sumus sicut cœteri qui spem non habent*. Oui, au ciel nous vous reverrons, vénéré Père. Th. IV-12.

D'ici ce jour, que Dieu n'a dit à personne, notre pensée vivra des souvenirs que nous laisse la mémoire du Père Chauveau, il est de ceux dont le nom sera à jamais béni, *sit memoria illorum in benedictione.*

Merci à la Divine Providence d'avoir permis que sa dépouille mortelle repose, en attendant le réveil de la tombe, près de cette maison qu'il a tant aimée.

Les couronnes déposées sur ses cendres pourront se flétrir, mais ce que le temps n'atteindra pas, ce sont nos hommages et nos regrets.

Hommage à vous, pieux et aimable Père, au nom de cette famille de Vaugirard, au sein de laquelle vous comptez encore des fils nombreux.

Hommage à vous, au nom de vos anciens élèves au cœur desquels vous avez jeté la foi qui sauve, l'espérance qui console, la charité qui transporte.

Hommage au nom de vos frères dipersés, en deça comme

au delà des mers ; avec quel esprit de conciliation et de mansuétude vous teniez dans vos moins la houlette pour les conduire :

Hommage au nom de ce respectable conseil d'administration que vous avez vous-mêmes enfanté, pour être l'incarnation vivante de vos vœux, la colonne qui portera le nouvel édifice.

Hommage au nom de ce professorat séculier, emprunté au sacerdoce et au monde, dont vous aimiez, dans votre justice, à louer la distinction et le savoir.

Hommage au nom de tant de parents à l'honneur des quels vous avez préparé des fils héritiers de leurs vertus.

Hommage encore, reconnaissance, au nom de la sainte Église votre mère et la mienne, pour la consolation et les joies de laquelle vous avez élevé des générations dignes de Dieu.

Hommage enfin, vénéré père, en mon propre nom.

Dieu seul peut savoir combien l'Evèque continuateur de votre œuvre a aimé vos qualités si douces. Vous étiez pour lui l'homme bon et bienveillant, *Virum bonum et benignum verecundum visu, modestum moribus, éloquio decorum.* (2 Macc. — xv-12.)

Le vide que votre mort a creusé dans son cœur lui causera longtemps l'amertume des premiers jours. — Agenouillé sur votre tombe, je demande au Christ Sauveur, Dieu de la résurrection et de la vie, de vous glorifier dans les cieux.

Sit momeria illorum in benedictione et ossa eorum pullulent in loco suo. Que la mémoire de tels hommes soit à jamais bénie, et que leurs ossements refleurissent dans leur tombe. — *Amen.*

5910 — Paris-Auteuil. — Imp. des Apprentis-Orphelins. Roussel. 40, rue La Fontaine.

www.ingramcontent.com/pod-product-compliance
Ingram Content Group UK Ltd.
Pitfield, Milton Keynes, MK11 3LW, UK
UKHW020442220726
13923UKWH00005B/2285